Selbstverteidigung

Edwin Deser

SELBSTVERTEIDIGUNG

FALKEN
TaschenBuch

Im FALKEN Verlag sind zahlreiche Titel zum Thema „Sport und Fitneß" erschienen.
Bitte fragen Sie in Ihrer Buchhandlung.

Unser Beitrag zum Umweltschutz:
Papier aus chlorfrei gebleichtem Zellstoff

Die Deutsche Bibliothek – CIP-Einheitsaufnahme

Deser, Edwin:
Selbstverteidigung / Edwin Deser. [Fotos: Simon Rausch]. –
Niedernhausen/Ts. : FALKEN TaschenBuch Verl., 1996
(FALKEN TaschenBuch)
ISBN 3-635-60071-7

Überarbeitete und neugestaltete Auflage 1996
ISBN 3 635 60071 7

Umschlaggestaltung: Zembsch' Werkstatt, München
Redaktion: Christiane Rückel
Herstellung: Michael Greiss
Titelbild: Image Bank, München/G. A. Rossi
Fotos: Simon Rausch, Burgkirchen
Satz: Falken-Verlag GmbH, Niedernhausen/Ts.
Druck: Wiesbadener Graphische Betriebe GmbH, Wiesbaden

817 2635 4453 6271

Inhalt

Einleitung

Dieses Buch wurde für diejenigen geschrieben, die nicht durch das Erlernen verschiedener Kampftechniken Kampfsport auf der Matte oder im Ring betreiben möchten, sondern die darin ein Mittel der Selbstverteidigung sehen, das ihnen hilft, gefährliche Situationen zu meistern.

Ich stelle Ihnen einen **Selbstverteidigungs-Lehrgang** vor, der ganz auf die Praxis, das heißt auf evtl. tatsächlich vorkommende Situationen, abgestimmt ist. Sie werden damit nicht zu einem Kampfsportexperten, aber Sie können lernen, sich in Notsituationen wirkungsvoll zu wehren.

Für das von mir entwickelte System braucht man kein jahrelanges Training und keine besonders gute Körperbeherrschung. Auch sind Angriff- und Abwehrtechniken so gewählt, daß keine große Kraft einzusetzen ist. Sie sind einfach, leicht und schnell erlernbar – und doch sehr wirkungsvoll – und gleichermaßen für Frauen und Männer geeignet.

Die Bewegungsabläufe bei Verteidigungsaktionen wiederholen sich oft. Gerade diese Tatsache schafft den Vorteil, bestimmte Abwehrtechniken in vielen, ganz verschiedenen Situationen anwenden zu können.

Auf der Straße gibt es keine Gewichtsklassen. Sie müssen also davon ausgehen, daß Ihnen der Angreifer körperlich meist überlegen ist.

Im **Ernstfall** ist folgendes wichtig:

1. Versuchen Sie der Auseinandersetzung aus dem Weg zu gehen, wenn das noch möglich ist.

2. Ist ein Kampf unvermeidbar, treten oder schlagen Sie den Angreifer immer mit größtmöglicher Kraft.

3. Führen Sie Ihre Stöße schnell und hart aus.

„Übung macht den Meister", dies gilt auch hier. Um in der Selbstverteidigung sicher zu werden, muß man den Ernstfall üben. Am besten mit einem Partner, damit ein gewisses Timing für die Aktionen entsteht. Jeder sollte natürlich für sich nur die Techniken auswählen und üben, die für ihn persönlich am leichtesten zu erlernen und am einfachsten auszuführen sind.

Ein Training in Straßenkleidung und -schuhen wäre am vernünftigsten, da Sie ja, wenn Sie sich verteidigen müssen, normalerweise diese Art Kleidung tragen werden.

Verhaltensregeln in der Selbstverteidigung

Allgemeine Verhaltensregeln

Nachfolgend sind einige wichtige Verhaltensregeln aufgeführt, die Sie bei Überfällen unbedingt beachten sollten. Wenn Sie diese Regeln beachten, haben Sie gegenüber dem potentiellen Angreifer auf jeden Fall schon einen gewissen Vorteil erlangt.

1. Atmen Sie ruhig und tief durch, um die Angst zu dämpfen.

2. Behalten Sie den Angreifer immer im Auge.

3. Bieten Sie dem Gegner möglichst wenig Angriffsfläche.

4. Nehmen Sie die Verteidigungsstellung ein, und halten Sie die größtmögliche Distanz zum Angreifer.

5. Erwidern Sie keine Beleidigungen – das reizt den Gegner meist noch mehr.

6. Konzentrieren Sie sich nur auf Verteidigungstechniken, die Sie auch wirklich beherrschen. Wenden Sie keine Vielleicht-Technik an, und handeln Sie fest entschlossen.

7. Lassen Sie sich möglichst nicht umklammern oder festhalten.

8. Verteidigen Sie sich, wenn nötig, durch Tritte und Stöße.

9. Spielen Sie nach einer erfolgreich angewandten Verteidigung nicht den Helden, sondern bringen Sie sich so schnell wie möglich in Sicherheit.

Spezielle Grundregeln für Frauen

1. Wenden Sie sich dem Angreifer zu, damit ein Angriff von hinten nicht mehr möglich ist.

2. Laufen Sie schreiend davon, wenn Sie glauben, in nächster Nähe Hilfe erwarten zu können.

3. Wenn Sie keine Hilfe erwarten können, dann laufen Sie nicht weg. Verstricken Sie den Angreifer in ein Gespräch. Dadurch gewinnen Sie Zeit, um sich zu fangen und zu beruhigen. Sie können sich somit auf eine wirksame Verteidigungstechnik einstellen und den Angreifer dann damit überrumpeln.

4. Versuchen Sie, Ihren Standort zu verbessern. Suchen Sie möglichst die Nähe von hell beleuchteten Häusern oder auch zum Beispiel gutbefahrenen Straßen auf,

5. Achten Sie darauf, daß Ihr Rücken frei bleibt. Lassen Sie sich nicht in Haustüren oder Ecken drängen.

Notwehr: wann und in welchem Maße?

Das Recht auf Notwehr ist im *Strafgesetzbuch (StGB)* gesetzlich verankert.
§ 32 StGB lautet:

1. Wer eine Tat begeht, die durch Notwehr geboten ist, handelt nicht rechtswidrig.

2. Notwehr ist diejenige Verteidigung, welche erforderliche ist, um einen gegenwärtigen, rechtswidrigen Angriff von sich oder einem anderen abzuwenden.

NOTWEHRÜBERSCHREITUNG
§ 33 StGB:

Überschreitet der Täter die Grenzen der Notwehr aus Verwirrung, Furcht oder Schrecken, so wird er nicht bestraft.

Grundsätzlich ist zu sagen:
Der Angriff kann sich gegen Gesundheit, Leben, Besitz und Ehre von sich oder einem anderen richten. Eine Notwehrhandlung muß der Schwere des Angriffs angemessen sein. Die *Verhältnismäßigkeit der Mittel* muß gewahrt sein. Die Abwehr darf nur zum Ziel haben, den Gegner von seinem Angriff abzubringen oder ihn vor einem erneuten Angriff zu stoppen. Überschreitet man die Grenzen der Notwehr, so ist man zum Schadenersatz gegenüber dem Geschädigten verpflichtet. Handelt der Verteidiger jedoch in Bestürzung, Furcht oder Schrecken, dann ist eine Übertretung nicht strafbar. Ferner ist es von Vorteil, wenn Sie für eine Notwehrhandlung Zeugen benennen können.
Eine Notwehrsituation besteht, wenn der Angriff gerade beginnt oder sein Beginn unmittelbar bevorsteht. Der Beginn braucht also nicht erst abgewartet zu werden.
Wer absichtlich einen Angriff provoziert und in der nun vorhandenen Notwehrlage den Angreifer verletzt, handelt nicht in Notwehr.
Die Problematik der Notwehr soll natürlich nicht dazu führen, daß man nun aus Gründen einer etwaigen Bestrafung völlig auf eine Selbstverteidigung verzichtet. Wer grundlos angegriffen wird, darf sich selbstverständlich verteidigen.

Die Schockwirkung und ihre Ausnutzung im Ernstfall

Schocken ist ein wichtiger Faktor in der Selbstverteidigung. Eine Schocktechnik, richtig und gezielt angewandt, bewirkt beim Gegner eine Störung im Nervensystem. Dies hat zur Folge, daß seine Reflexe und Körperfunktionen nicht mehr richtig arbeiten.
Es gibt verschieden starke Schockwirkungen. Wir beschränken uns hier nur auf die leichteren Arten, mit der beim Gegner eine sogenannte **Schrecksekunde** ausgelöst wird; er ist verwirrt oder abgelenkt. Jetzt haben wir die Möglichkeit, eine der erlernten Verteidigungstechniken anzuwenden oder uns sogar gleich in Sicherheit zu bringen.

Man erreicht die Schockwirkung durch:

- plötzliches, lautes und kräftiges Anschreien
- ins Gesicht spucken
- Werfen von Gegenständen, wie Handtasche, Schlüssel, Zeitung oder Zigarettenschachtel, ins Gesicht
- einen energischen Fußtritt gegen das Schienbein oder gegen andere empfindliche Stellen.

Die wichtigsten Angriffsbereiche am menschlichen Körper

Zu den Hauptzielen gehören *Augen* und *Unterleib*. Die beschriebenen Schläge und Tritte nur an den markierten Körperstellen anwenden, da sonst keine Wirkung auf den Angreifer erzielt wird.

Ein fester *Tritt oder Stoß* in den Unterleib kann bei Männern schnell zur Kampfunfähigkeit und sogar zur Bewußtlosigkeit führen. In diesem Körperbereich sind sie sehr empfindlich und leicht verletzbar, egal wie groß und stark sie sind.

Eine ähnliche Wirkung auf den Angreifer erzielt man durch einen explosiven *Fingerstich* zu den Augen, eine der besten Verteidigungsmöglichkeiten überhaupt, denn ohne zu sehen ist jeder noch so kräftige Angreifer hilflos. Je einfacher und direkter Ihr Gegenangriff, desto erfolgreicher und effektiver ist er.

Natürlich bietet der menschliche Körper weit mehr Ziele für Attacken als die hier beschriebenen Zonen. Um den Leser aber nicht unnötig zu verwirren, werden hier nur die für einen Angriff am besten geeigneten aufgezeigt.

Bei einer lebensbedrohlichen Situation soll die Ausführung einer Verteidigungstechnik mit aller Konsequenz geschehen, die Verteidigung muß fortgesetzt werden, bis der Angreifer kampfunfähig ist.

Im nachfolgenden praktischen Teil lernen Sie die verschiedenen Techniken und deren unterschiedlichen Anwendungsmöglichkeiten in realistischen Situationen kennen.

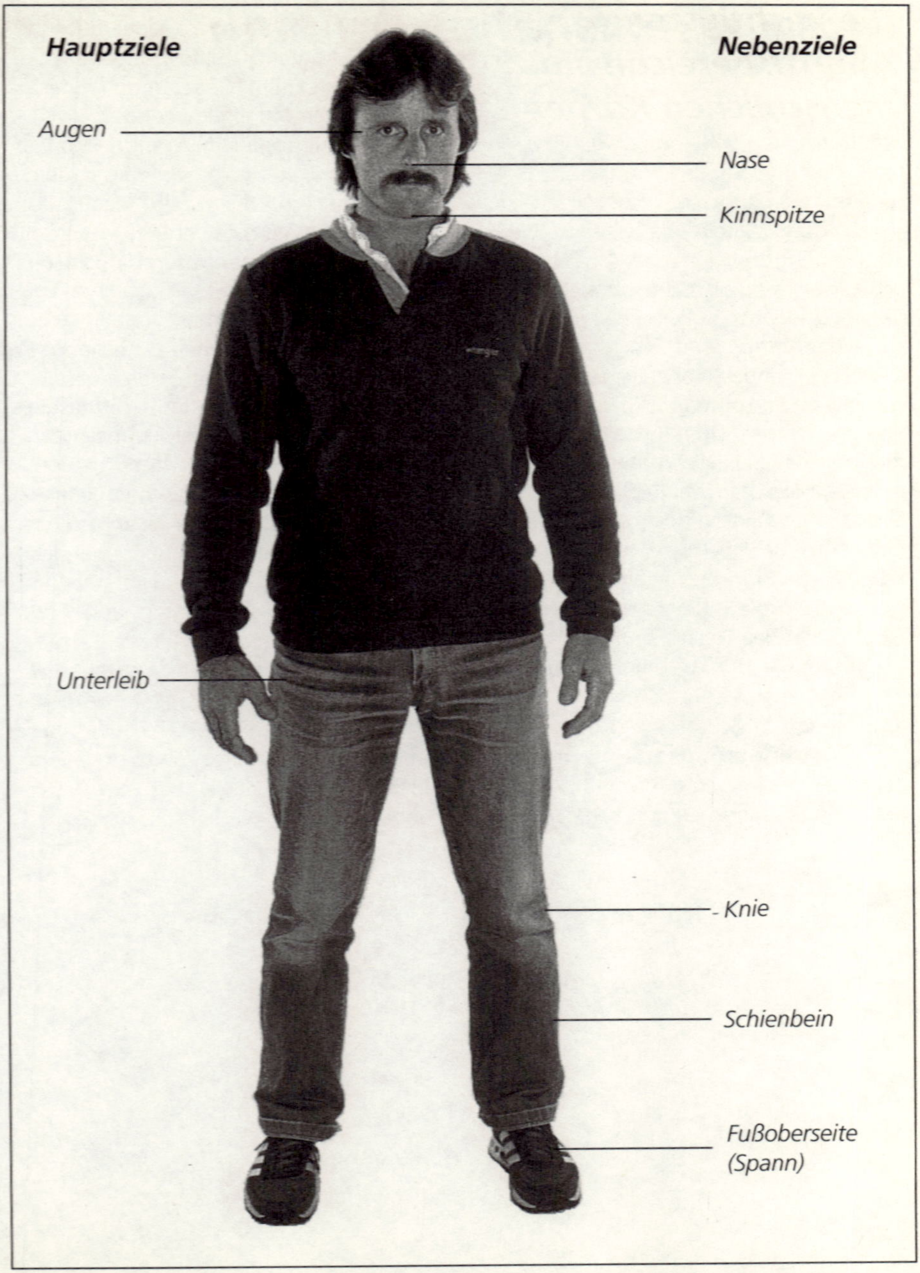
Hauptziele
Nebenziele
Augen
Nase
Kinnspitze
Unterleib
Knie
Schienbein
Fußoberseite
(Spann)

Praxisnahes Training

Die Kunst der Selbstverteidigung kann man durch richtiges, praxisnahes Training erlernen. Das hier vorgestellte neue Verteidigungssystem basiert auf dem Vielfältigungsprinzip: *eine Abwehrtechnik ist für viele verschiedenartige Angriffe geeignet.*

Die Lernschritte sind in fünf Kapitel unterteilt, wobei die ersten drei dazu dienen sollen, bestimmte Grundtechniken zu erlernen. Deshalb sollte man die Reihenfolge, die hier vorgegeben wird, einhalten. Es hat wenig Sinn, mit der eigentlichen Selbstverteidigung anzufangen, ohne daß die elementaren Hand-, Fuß- und Blocktechniken beherrscht werden. Um die Fähigkeit zum richtigen Einschätzen der Distanz und der Schlagkraft zu entwickeln, übt man die Grundtechniken zuerst an einem mit Lumpen ausgestopften Sack.

Wer die **Grundtechniken** einigermaßen beherrscht, kann zum Kapitel „Angriff und Verteidigung" übergehen. Hierbei ist ein Partner unerläßlich; auch kommt der gestellte Angriff (Sparring) dem Ernstfall am nächsten. Im Gegensatz zum richtigen Kampf gibt es natürlich gewisse Einschränkungen: Jede Schlag-, Stoß- und Angriffstechnik ist kurz vor dem Partner abzustoppen, damit keine Verletzungen entstehen. Also bitte Vorsicht!

Es empfiehlt sich, für jeden *Trainingstag nur eine Angriffsart*, wie zum Beispiel Umklammern und Greifen, auszuwählen. Die Grundschule sollte immer wieder geübt werden, damit sich diese Bewegungen automatisieren, Sie hier Sicherheit erlangen.

Etwas über die Benutzung von Gebrauchsgegenständen als Waffen erfahren Sie in einem eigenen Kapitel. Hier wird anhand einiger Beispiele gezeigt, wie Sie sich mit einem Schlüssel, einer Handtasche, einem Regenschirm, einem Buch oder gar einer Zeitung verteidigen können.

Grundstellung für Rechtshänder

Grundstellung für Linkshänder

Die Verteidigungs stellung

Um eine ideale Ausgangsposition für alle Verteidigungsaktionen zu erreichen, ist die richtige **Körperhaltung** sehr wichtig.

Aus der abgebildeten **Grundstellung** heraus können alle Techniken ausgeführt werden.

Damit eine optimale Beweglichkeit vorhanden ist, verteilt man sein Körpergewicht gleichmäßig auf beide, leicht gebeugten Beine. Stehen Sie ganz locker und entspannt und immer bereit, schnell nach allen Seiten reagieren zu können. Die Schultern zeigen schräg zum Angreifer, damit Sie möglichst wenig Angriffsfläche bieten. Die angewinkelten Arme schützen den Oberkörper- und Kinnbereich. Die Hände sind zur Faust geballt, um bei einer Abwehr- beziehungsweise einer Blocktechnik die Verletzungsgefahr für die Finger gering zu halten.

Die Verteidigungsstellung ist nicht starr, im Gegenteil, man sollte ständig – wie ein Boxer im Ring – in Bewegung bleiben (Beinarbeit). Die Arme nicht in einer bestimmten Stellung belassen, sondern dauernd in leicht kreisender oder schlängelnder Bewegung halten, hierbei die Deckung aber nicht vergessen.

Dieses Verhalten verblüfft und verunsichert den Gegner, so daß er eine eventuelle Angriffstechnik nicht so schnell erkennen kann. Man soll sich möglichst immer außer Reichweite des Gegners bewegen und ständigen Blickkontakt halten.

Die Fausthaltung

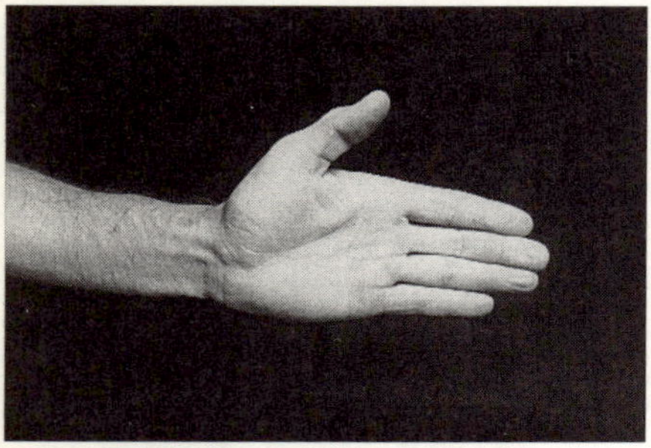

1. Finger gestreckt

Die richtige Fausthaltung ist sehr wichtig, um bei den Blocktechniken oder Faustschlägen keine Verletzung der Finger zu riskieren. Die nachfolgenden Bilder zeigen Ihnen, wie Sie die korrekte Fausthaltung erreichen.

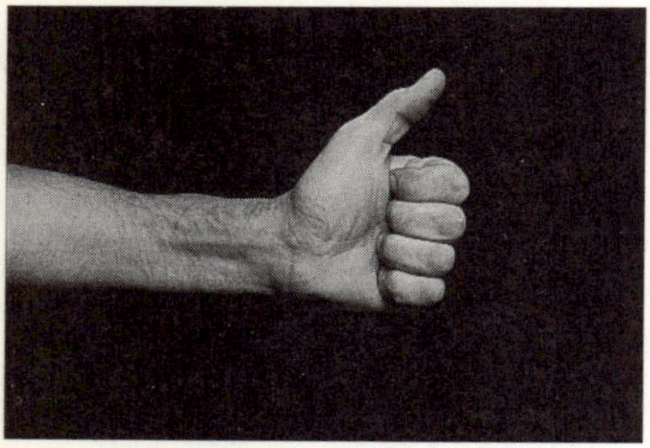

2. Finger angewinkelt

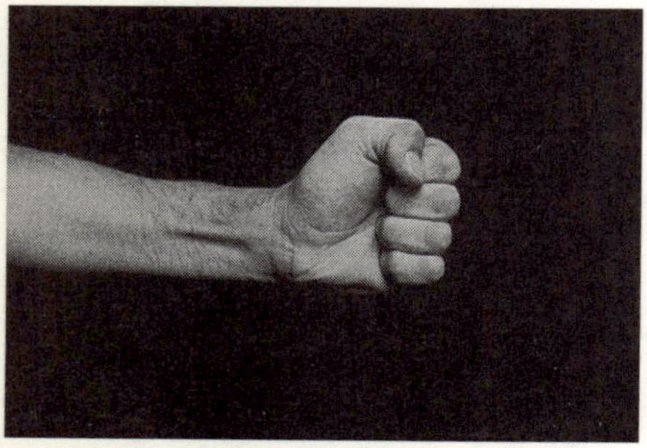

3. Korrekte Fausthaltung

Für die richtige Fausthaltung ist es wichtig, daß der Daumen vor dem Mittel- und Zeigefinger liegt und nicht von diesen umschlossen wird.

Handtechniken

Hier werden **Angriffstechniken** gezeigt, bei denen die Hand, die Faust, der Arm, die Ellenbogen oder die Finger als natürliche Waffe eingesetzt werden, um den Gegner kampfunfähig zu machen.

Der Unterschied zwischen **Stoß und Schlag** liegt in der Bewegung des Armes oder der Hand. Ein Stoß verläuft immer geradlinig, direkt zum Angreifer. Bei einem Schlag beschreibt der Arm jedoch einen Kreis oder einen Halbkreis (Schwinger, Haken).

Für die Selbstverteidigung ist es sehr wichtig zu lernen, seine Hände wie Waffen zu gebrauchen. Ein Stoß mit dem Handballen oder Ellenbogen auf die empfindlichen Körperstellen ist leicht auszuführen und hat eine enorme Wirkung, wenn dies mit ganzem Körpereinsatz geschieht. Selbst eine Frau bringt mit diesen Handtechniken einen körperlich weit überlegenen Mann zu Boden. Die verschiedenen Ziele für die jeweilige Technik kennen Sie ja schon aus dem Kapitel über die wichtigsten Angriffsziele am menschlichen Körper.

Es ist nicht notwendig, Handballen und Ellenbogen abzuhärten, um sie schmerzunempfindlich zu machen, denn sie sind von Natur aus fast schmerzfrei gegen Schläge und Stöße. Daher kann auch ein Laie sofort die entsprechende Technik mit großem Einsatz anwenden, ohne sich zu verletzten. Der **Fingerstich**, der leicht erlernt und schnell ausgeführt werden kann, ist ebenfalls eine gute Verteidigungsmöglichkeit, mit der sich ein Angriff schon im Ansatz stoppen läßt.

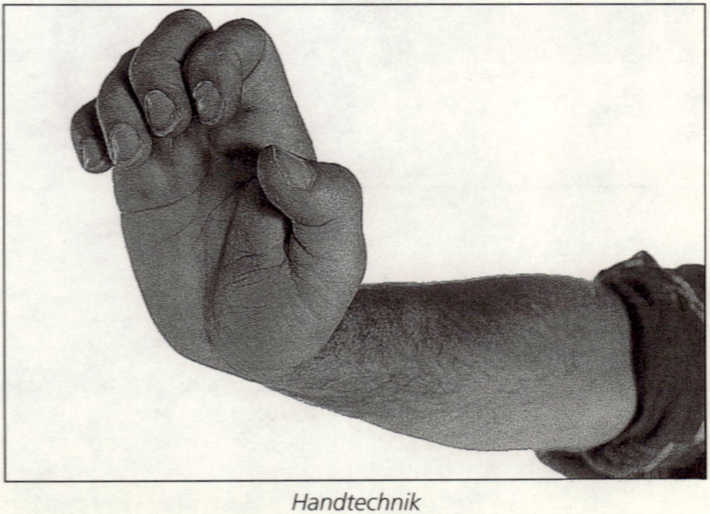

Handtechnik

Der Handballenstoß

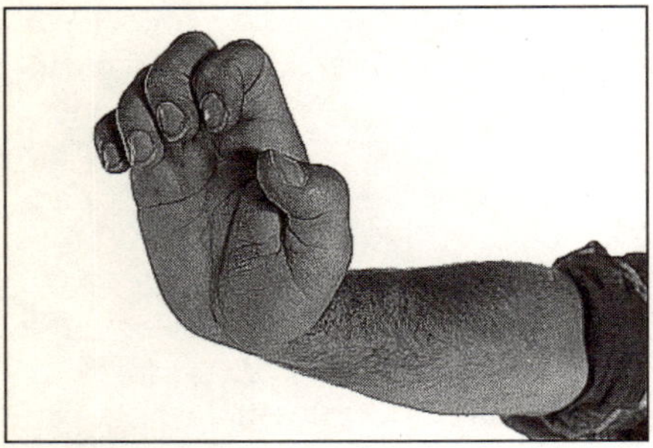

Handhaltung

Die Finger sind angewinkelt, die Handflächen aufgestellt und möglichst nach hinten geneigt.

1. 2. 3a.

AUSFÜHRUNG:

Grundstellung einnehmen und die Hand mit voller Kraft gerade nach vorne stoßen. Dabei trifft die untere Seite des Handtellers auf den markierten Bereich in der oberen Abbildung. Wichtig ist, daß die Hüfte hierbei in Stoßrichtung miteingedreht wird.
Eine gewaltige Wirkung auf den Gegner erzielt man, wenn der Stoß kurz unter der Nase am Oberkiefer plaziert wird.

Demonstration des Handballenstoßes

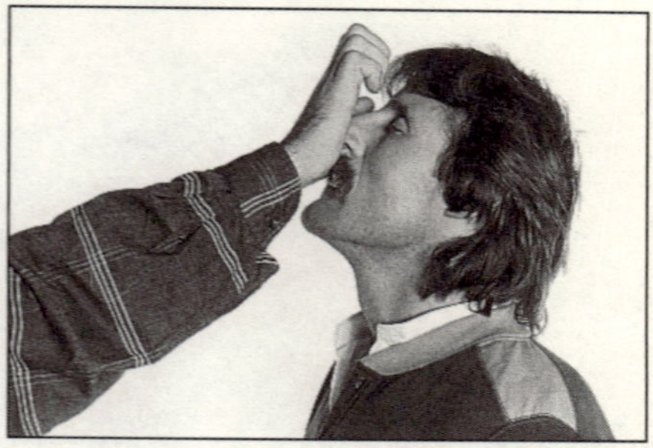

3b.

1. Der Gegner will einen Faustschlag zum Kopf führen.

2. Von der Grundstellung heraus weicht der Verteidiger dem Angreifer durch einen Schritt schräg nach vorne aus.

3. Er blockt den Faustschlag und stößt gleichzeitig seinen Handballen zur Nase des Angreifers.

Der Fingerstich

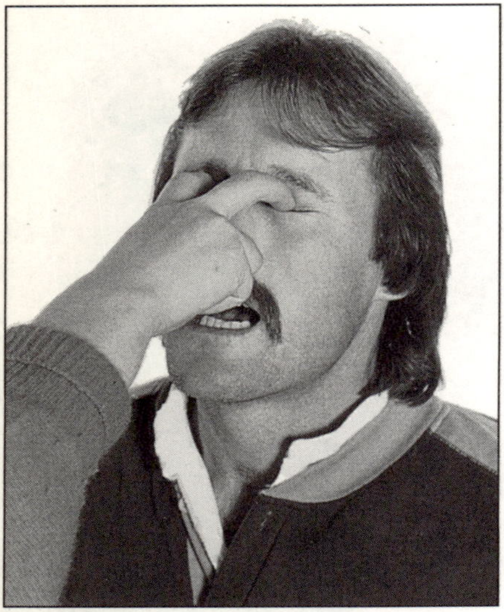

Detailfoto

Diese Technik ist sehr wirkungsvoll, kann aber gefährliche Augenverletzungen verursachen. Darum darf der Fingerstich zu den Augen nur bei einem lebensbedrohlichen Angriff angewendet werden. Die Verhältnismäßigkeit des Angriffs darf nicht überschritten werden.

AUSFÜHRUNG:

Zeige- und Mittelfinger sind leicht gebogen. Der Fingerstich wird aus der Verteidigungsstellung heraus gerade nach vorne zu den Augen gestoßen.

1. *2.* *3.*

Demonstration des Fingerstiches

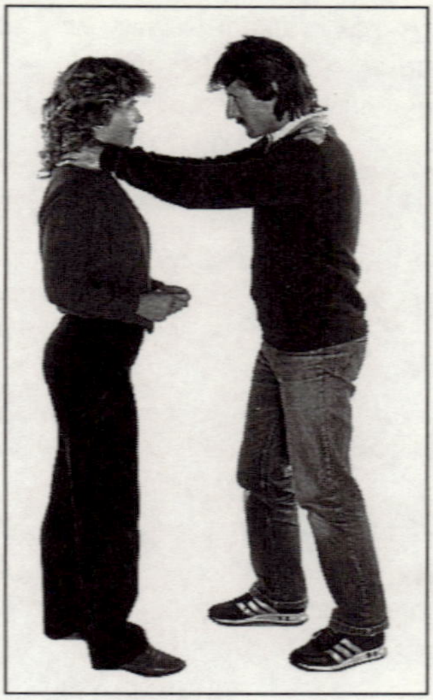

1. Der Angreifer würgt mit beiden Händen.

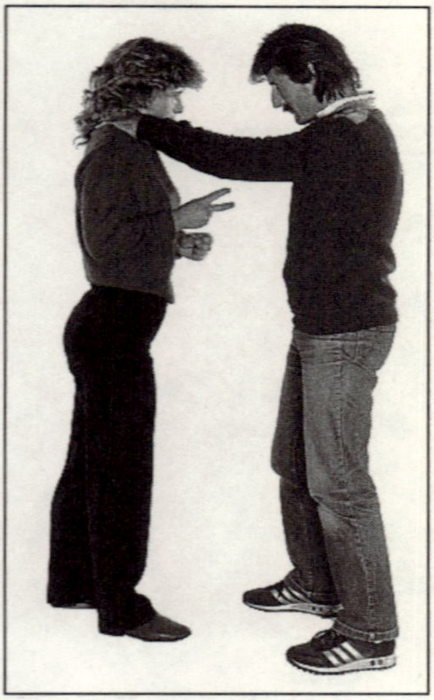

2. Die Verteidigerin zieht die Schultern nach oben und drückt ihr Kinn auf die Brust, um ihren Hals zu schützen.

3. Jetzt stößt sie die Finger in die Augen des Gegners, gleichzeitig geht sie einen Schritt rückwärts.

Der Ellenbogenstoß

Detailfoto

Eine sehr wirkungsvolle Technik im Nahkampf stellt der Ellenbogenstoß dar.

AUSFÜHRUNG:

Wichtig ist ein starkes Anwinkeln des ausführenden Armes. Er kann nach vorne und hinten gleichermaßen gestoßen werden. Mit dem markierten Bereich (Detailfoto) trifft man den Gegner.
Wird der Ellenbogen vorwärts gestoßen, beschreibt er einen Halbkreis und trifft die seitliche Gesichtshälfte oder die Kinnspitze.
Beim Ellenbogenstoß rückwärts muß zuerst der Arm nach vorne gestreckt, wobei der Faustrücken zum Boden zeigt, dann ruckartig und mit größter Kraft zurückgezogen werden. Die Hand ist in beiden Fällen zur Faust geballt. Der gesamte Schultergürtel dreht sich mit.

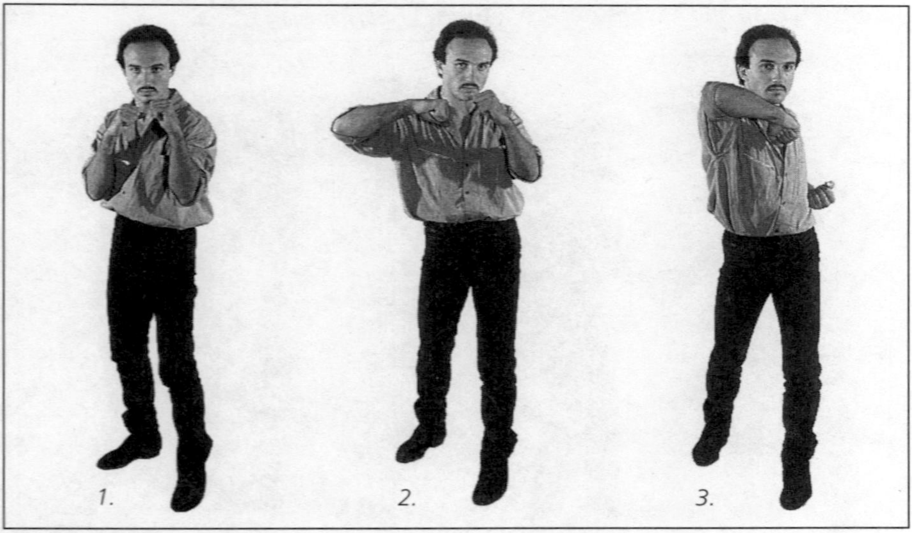

Ellenbogenstoß vorwärts

Ellenbogenstoß rückwärts

Demonstration des Ellenbogenstoßes

1. Der Unterarm des Verteidigers wird ergriffen.

2. Er geht einen Schritt vorwärts und bringt gleichzeitig seinen Ellenbogen im Halbkreis nach vorne.

3. Mit dem Aufsetzen des Fußes trifft der Ellenbogen des Verteidigers das Gesicht des Gegners. Dadurch bringt er die größtmögliche Körperkraft zum Einsatz.

Fußtechniken (Kicks)

Die Anwendung einer Beintechnik hat für den Verteidiger u.a. den Vorteil einer großen Reichweite. Außerdem ist die Schlag- oder Stoßkraft des Beines wesentlich höher als die der Arme. Reagiert man schnell genug, bestehen gute Chancen, einen Angriff bereits im Ansatz abzufangen. Alle Fußstöße (Kicks) sind einfach zu erlernen, wenn Sie die Bilderfolgen genau nachahmen. Wichtig dabei ist **ein gutes Gleichgewicht und eine hohe Geschwindigkeit bei der Ausführung**. Ein kraftvoller und schneller Kick zu den empfindlichen Stellen des Körpers (s.S. 13) ist eine der besten Verteidigungsmöglichkeiten. Bringen Sie Fußtritte nur **unterhalb der Gürtellinie** an, und treten Sie immer mit voller Kraft und hoher Geschwindigkeit.

Ein bewährter Grundsatz im Verteidigungsfall:
Treten Sie dem Gegner ans Knie, und bringen Sie sich in Sicherheit.

Fußtechnik

Der Front-Kick

Detailfoto

AUSFÜHRUNG:

Das Schlagbein ist nach hinten abgesetzt. Nun heben Sie das Knie an, bis der Oberschenkel etwa in der Waagerechten ist, dann schnappen Sie mit dem Unterschenkel nach oben. Ziehen Sie den Fuß sofort wieder zurück, und setzen Sie ihn nach hinten. Der Fußstoß wird in einer Bewegung ausgeführt. Der Fußspann soll den Unterleib treffen. Stellen Sie sich vor, Sie treten einen Fußball mit ganzer Kraft.

Demonstration des Front-Kicks

1. Der Gegner umklammert beide Unterarme.

2. Die Abwehrende setzt ihr Schlagbein nach hinten ab und spreizt die Arme.

3. Nun hebt sie das Knie und schnellt ...

4. ... den Unterschenkel nach vorne.

Der Seit-Kick

Detailfoto

Dieser Fuß-Kick ist eine hervorragende Angriffs- und Abwehrtechnik, da er den großen Vorteil hat, daß er vom Gegner nicht geblockt werden kann.

1. 2.

AUSFÜHRUNG:

Beim Seit-Kick wird mit der Fußaußenkante oder Fußsohle zum Knie oder Schienbein des Angreifers getreten.
Der vordere Fuß wird bis auf Kniehöhe des Standbeines angezogen, der schräggehaltene Fuß dann mit starkem Hüfteinsatz seitlich nach außen gestoßen. Das Bein muß ganz durchgestreckt werden. Den Hüfteinsatz erreicht man durch Mitdrehen des Standbeines, wobei der Fußballen der Drehpunkt ist. Die Ferse zeigt zum Schluß in Richtung Gegner (Pfeil). Die Aktion ist eine kraftvolle, explosive Schnappbewegung mit vollem Einsatz des Körpergewichtes. Federn Sie ohne Unterbrechung zurück, und setzen Sie den Fuß ab.
Um das kraftvolle seitliche Treten mit Hüfteinsatz zu üben, lehnt man eine 50 bis 70 cm lange Holzlatte schräg an eine Wand und versucht, die Latte mit dem Seit-Kick durchzutreten. Es ist empfehlenswert, die Schuhe bei dieser Übung anzubehalten.

3.

4.

Demonstration des Seit-Kicks

1. Der Angreifer faßt den Arm des Verteidigers.

2. Der Abwehrende zieht seinen vorderen Fuß bis in Kniehöhe,

3. stößt seitlich nach außen ans Knie des Angreifers ...

4. ... und reißt darauf den festgehaltenen Arm aus der Umklammerung.

Der Fersen-Stampf-Kick

Detailfoto

Der Fersen-Stampf-Kick wird ausschließlich zur Ablenkung des Gegners benutzt, um eine anschließende Verteidigungstechnik oder Befreiungsaktion (z.B. Handballenstoß) anzuwenden.

1.

2.

AUSFÜHRUNG:

Aus der Verteidigungsstellung heraus sollen Sie das Knie soweit wie möglich anheben und den Fuß mit der Ferse voraus direkt nach unten stoßen, als trete man ein Stück Holz in den Boden. Die Ferse (Detailfoto) trifft den Gegner auf der Fußoberseite (Spann). Daher muß die Fußspitze etwas angehoben werden. Beim Fersen-Stampf-Kick nach hinten wird dagegen die Fußspitze etwas tiefer gehalten, damit das Ziel auch mit der Ferse getroffen wird.

3a.

Nach vorne

3b.

Nach hinten

Demonstration des Fersen-Stampf-Kicks

1. Der Gegner umfaßt den Unterarm.

2. Die Verteidigerin hebt ihren Fuß an ...

AUSFÜHRUNG:

Achten Sie darauf, daß Sie den Arm immer in Richtung zur schwächsten Stelle (kleiner Finger) der Gegnerhand ziehen.

3. ... und stößt die Ferse mit aller Kraft, d.h. mit dem ganzen Körpergewicht, nach unten zum Spann des Angreifers.

4. Dann reißt sie ihren Arm aus der Umklammerung.

Der Knie-Kick

Detailfoto

Der Knie-Kick ist eine absolute Nahkampftechnik und deshalb besonders zur Selbstverteidigung geeignet.

AUSFÜHRUNG:

Die enorme Wirkung erzielt man nur durch schnelles, kraftvolles Anziehen des Knies. Die Knieoberseite (Detailfoto) muß den Unterleib treffen.

1. 2.

Demonstration des Knie-Kicks

1. Der Angreifer umklammert mit beiden Armen den Verteidiger.

2. Der Abwehrende greift an die Hüfte des Gegners, drückt sich weg und setzt gleichzeitig ein Bein nach hinten.

3. Nun stößt er sein Knie in den Unterleib des Gegners, wobei er diesen gleichzeitig an sich heranzieht.

Block- oder Abwehrtechniken

Nicht der Angreifer, sondern die Abwehr ist in der Selbstverteidigung von Bedeutung. Die Schläge und Stöße des Gegners müssen abgelenkt und entschärft werden, damit der eigene Körper nicht hart getroffen wird. Nur wenn man die Attacken des Angreifers abwehren kann, ist es möglich, selbst eine Technik anzubringen.

Hierbei wird grundsätzlich zwischen dem **Hochblock** (Abwehr für Angriffe gegen Schulter und Kopf) und dem **Tiefblock** (Abwehr gegen Angriffe zur Brust, abwärts bis unter die Gürtellinie) unterschieden.

Die nachstehend aufgeführten Block- oder Abwehrtechniken werden hierfür verwendet.

Im Selbstverteidigungsfall sollten Sie niemals nur den Block ausführen, sondern immer sofort eine **Folgetechnik** beim Gegner anbringen. Nur so ist es möglich, ihn von einem erneuten Angriff abzuhalten und sich zu schützen.

Blocktechnik

Der Hochblock

Detailfoto

Mit dem markierten Bereich wird der Angreiferarm geblockt (Elle).

AUSFÜHRUNG:

Aus der Verteidigungsstellung heraus wird das hintere Bein schräg nach vorne abgesetzt. Gleichzeitig wird der Arm nach oben vor das Gesicht gebracht. Die Kraft des gegnerischen Schlages kann man zusätzlich durch einen Schritt nach außen oder nach hinten entschärfen.

Demonstration des Hochblocks

1. Die Frau steht in der Verteidigungs-stellung.

2. Der Gegner versucht einen Faustschlag zum Kopf. Sie geht seitlich einen Schritt vor und weicht so der Wucht des Schlages aus.

3. Im nächsten Moment wird der angreifende Arm mit der äußeren Unterarmseite (Elle) weggeblockt.

Der Tiefblock

1. 2. 3.

AUSFÜHRUNG:

Auch hier wird das Bein von der Verteidigungsstellung aus schräg nach vorne abgesetzt. Der Arm wird gleichzeitig nach unten geführt, um den Unterkörper zu schützen.

Demonstration des Tiefblocks

1. Faustangriff zum Unterleib.

2. Die Frau macht aus der Grundstellung heraus einen Schritt schräg vorwärts und schlägt den Arm nach unten zur Gegnerfaust.

3. Jetzt blockt sie die Angreiferhand seitlich weg und leitet so die Kraft des Fausthiebes ab.

Angriff und Verteidigung

In diesem Kapitel werden verschiedene, gefährliche Situationen behandelt, die jederzeit an jedem Ort vorkommen können. Durch etwas Übung besitzen Sie genügend geschulte Reaktion für eine effektvolle Verteidigung. Es kann lebenswichtig sein, einen klaren Kopf zu bewahren und dadurch genau und mit gutem Gleichgewicht reagieren zu können.

Blocken, **Schlagen**, **Flüchten**, das sind die drei wichtigsten Elemente in der Selbstverteidigung. Lernen Sie die jeweilige Technik Schritt für Schritt, damit Sie sie auch in Gefahrensituationen hundertprozentig beherrschen. Halten Sie sich hierbei an folgende Punkte:

1. Üben Sie die Schläge, Tritte und Stöße zuerst langsam und genau so, wie im ersten Teil des Buches beschrieben.

2. Wenn Sie die Bewegungen in langsamer Ausführung gut beherrschen, dann führen Sie die Techniken schneller und kraftvoller aus, zuerst jedoch ohne Partner (z.B. vor einem Spiegel).

3. Zum Schluß üben Sie die Verteidi gungsaktionen mit einem Partner. Jetzt werden die erlernten Techniken mit leichtem Körperkontakt trainiert.

Verteidigungsstellung

Abwehr gegen Greifen und Festhalten

Griffansatz

Die **Befreiung aus einer Körperumklammerung** ist nicht immer einfach. Deshalb sollten Sie, wenn der Angreifer Sie zu fassen versucht oder sie schon umklammert hat, möglichst schnell reagieren, um den Angriff bereits im Ansatz zu stoppen. Hat der Angreifer Sie jedoch schon umklammert, finden Sie anschließend noch verschiedene, zusätzliche Hinweise zum Lockern oder Lösen der Klammergriffe. Bei entsprechend kräftiger Anwendung der folgenden Techniken ist es sogar möglich, sich alleine durch diese Technik zu befreien.

1. Der Angreifer (rechts) versucht, Sie zu fassen.

2. Ein Front-Kick zum Unterleib macht den Gegner kampfunfähig, bevor er Sie richtig greifen kann.

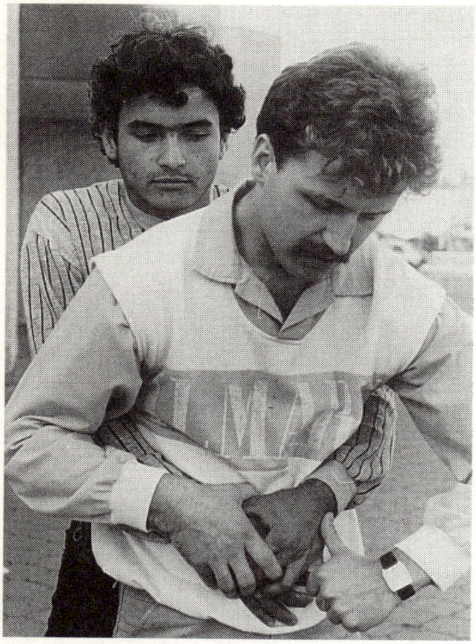

Fingerhebel bei Umklammerung von hinten

Fingerhebel

Die Technik ist für den Gegner sehr schmerzhaft, wenn sie richtig ausgeführt wird. Erreicht wird die enorme Schmerzwirkung durch Überdehnen und Verdrehen der Fingergelenke. Hierbei müssen Sie die Finger in Sperr-Richtung des Gelenkes drücken, hier zum Beispiel nach der Handrückenseite zu. Am besten den kleinen Finger hebeln, da der das schwächste Gelenk an der Hand ist.

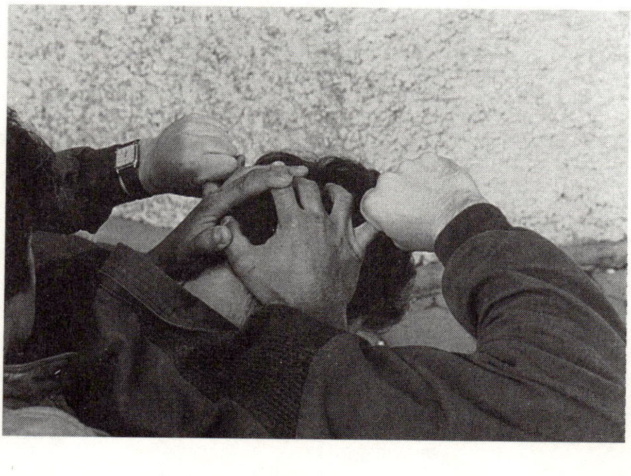

Fingerhebel beim Haltegriff von hinten (Doppel-Nelson)

Preßluftschlag

Die Hände werden so geformt, daß ein Hohlraum entsteht. Schlägt man bei der Abwehr gleichzeitig auf beide Ohren, so komprimiert die Luft in der Handinnenfläche. Die dabei entstehende Druckwelle stört für wenige Sekunden den Gleichgewichtssinn des Gegners, und er ist dadurch wehrlos.

Preßluftschlag

Kopfstoß

Hier dient die Stirn oder der Hinterkopf als Schlagfläche. Der Kopfstoß hat einen enormen Überraschungseffekt. Eine Verletzungsgefahr des Verteidigers ist ausgeschlossen, wenn der Stoß die Nase des Gegners trifft. Treffsicherheit und Wirkung können wesentlich erhöht werden, indem der Kopf des Angreifers mit den Händen fixiert wird.

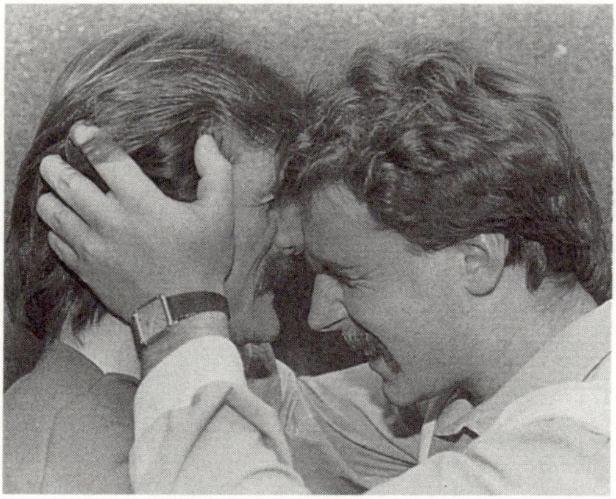

Kopfstoß nach vorne

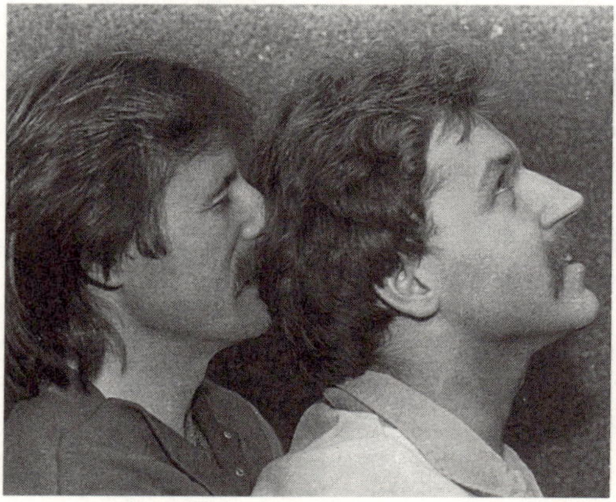

Kopfstoß nach hinten

Befreiung gegen einseitige Armumklammerung

1. Eine Frau steht an einem Zaun.

2. Ein Mann wird aufdringlich und legt seinen Arm um ihre Schulter.

3. Sie stößt ihm den Ellenbogen seitlich in die Rippen ...

4 ... und kann nun noch einen Handballenstoß mit vollem Körpereinsatz zur Nase des Angreifers führen.

Befreiung gegen Handgreifen, aus einem Hinterhalt

1. Eine Frau geht durch eine Einkaufsstraße.

2. Plötzlich ergreift jemand ihre Hand und wird aufdringlich.

3. Die Verteidigerin hebt das Knie an ...

4. ... und tritt dem Angreifer einen Front-Kick in den Unterleib.

Angriff an die Schulter, von hinten

1. Auf der Straße verfolgt ein Mann eine Frau.

2. Er faßt ihre Schulter und versucht, sie an sich heranzuziehen.

3. Die Frau wendet sich blitzartig nach hinten um ...

4. ... und stößt mit dem Handballen zur Nase des Angreifers.

Verteidigung im Sitzen

1. Eine Frau sitzt auf einer Bank.

2. Ein Mann setzt sich neben sie und faßt ihr ans Knie.

3. In der Sitzstellung führt die Frau aus einer Körperdrehung heraus einen Handballenstoß zur Nase durch.

Wegreißen der Tasche, von hinten

1. Eine Frau steht auf dem Fußgängerweg.

2. Plötzlich ergreift jemand von hinten ihre Handtasche.

3. Sie winkelt ihren Arm an und hält dadurch ihre Tasche fest.

4. Ein Seit-Kick zum Knie des Angreifers folgt.

Verteidigung gegen seitliches Haareziehen

1. Der Angreifer kommt von hinten.

2. Er zieht seitlich an den Haaren.

3. Der Verteidiger faßt den greifenden Arm des Gegners und dreht sich zum Angreifer um.

4. Aus der Drehung heraus stößt er den Handballen zur Nase.

Verteidigung gegen Haareziehen, von vorne

1. Der Verteidiger wird von vorne an den Haaren gezogen.

2. Er faßt beide Hüften seines Gegners ...

3. ... und reißt sein Knie zum Unterleib des Angreifers und zieht gleichzeitig den Gegner zu sich heran, um die Wucht des Knie-Kicks zu verstärken.

Handumklammerung, diagonal

1. Der Unterarm des Verteidigers wird festgehalten.

2. Der macht einen Schritt in Richtung Angreifer,

3. stößt mit dem Handballen nach vorne zur Nase des Angreifers ...

4. ... und reißt seinen Arm aus der umklammernden Hand.

Der Angreifer befindet sich außerhalb des Autos

1. Der Angreifer öffnet die Autotür ...

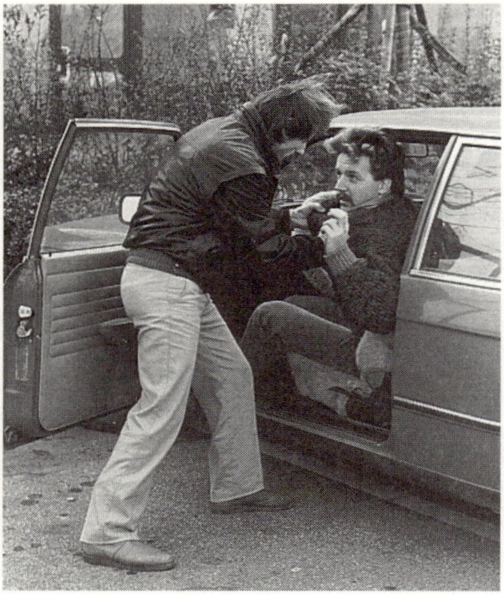

2. ... und will den Fahrer aus dem Auto zerren.

3. Der Angegriffene läßt sich auf den Beifahrersitz zurückfallen ...

4. ... und tritt die Ferse in den Unterleib oder das Gesicht des Gegners.

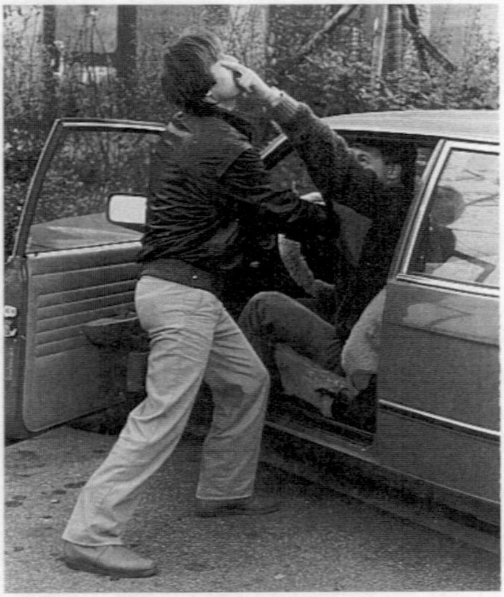

Falls man nicht mehr dazu kommt, den Fersenstoß anzuwenden, hat man noch die Möglichkeit, sich durch einen Fingerstich zu verteidigen.

Abwehr gegen Körperumklammerungen

Umklammerung von hinten, unter den Armen

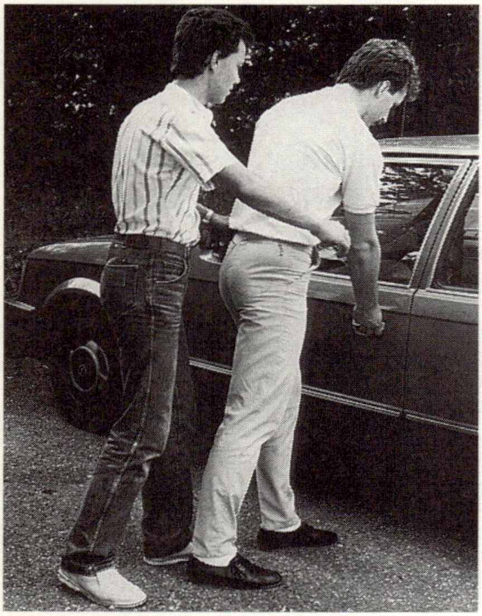

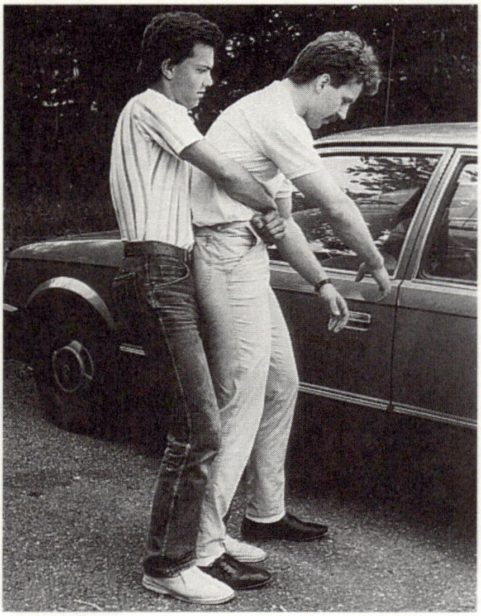

1. Der Mann will gerade seine Autotür öffnen.

2. In diesem Moment packt ihn der Angreifer.

3. Der Festgehaltene hebt ein Bein ...

4. ... und tritt einen Stampf-Kick zum Spann des Gegners.

5. Nun greift der Verteidiger den kleinen Finger und hebelt diesen nach hinten. Dadurch lockert sich der Griff, und er kann sich aus der Umklammerung herausdrehen.

6. Anschließend stößt er mit dem Handballen direkt zur Nase des Angreifers.

Umklammerung von hinten, mit den Armen

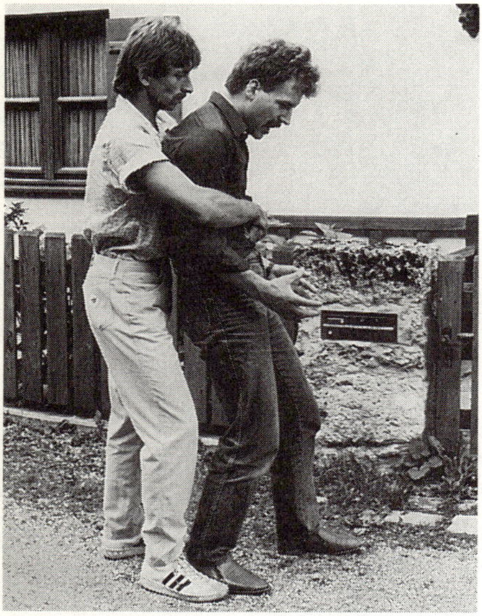

1. Der Angreifer umklammert den Mann mit beiden Armen von hinten.

2. Der Verteidiger zieht sein Knie an ...

3. ... und tritt einen Fersen-Stampf-Kick auf die Fußoberseite des Angreifers.

4. Nun reißt er den Arm erst nach vorne ...

5. ... und dann ruckartig nach hinten zu den kurzen Rippen,

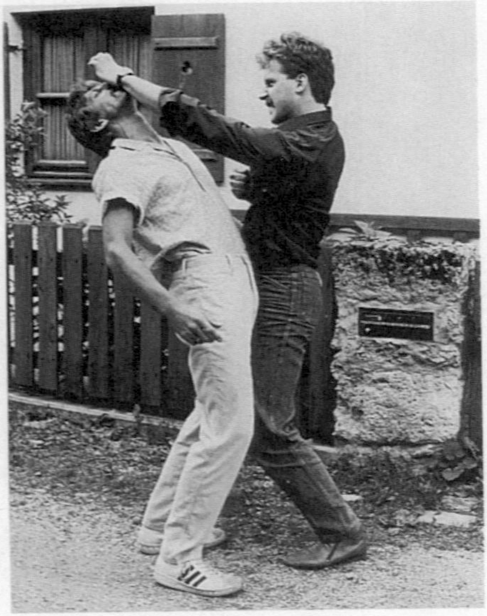

6. wendet sich jetzt frontal zum Angreifer und stößt ihm den Handballen unter die Nase.

Befreiung gegen den Haltegriff (Doppel-Nelson)

1. Der Gegner hält den Mann im Haltegriff.

2. Der Verteidiger reagiert sofort und zieht sein Knie hoch.

3. Er stößt mit seinem ganzen Körpergewicht die Ferse nach unten (Fersen-Stampf-Kick).

4. *Anschließend greift er nach hinten, um die kleinen Finger des Gegners zu fassen ...*

5. *... und nach außen zu hebeln.*

6. *Ist der Haltegriff gesprengt, schlägt der Angegriffene den Ellenbogen rückwärts zum Angreifer.*

Umklammerung von vorne, unter den Armen

1. Die Frau spaziert den Fußweg entlang.

2. Plötzlich umklammert sie ein entgegenkommender Mann unter den Armen.

3. Sie schlägt mit beiden Händen einen Preßluftschlag zu den Ohren ...

4. ... und befreit sich durch einen Handballenstoß unter die Nase.

Umklammerung von vorne, über den Armen

1. Der Gegner klammert mit beiden Armen.

2. Die Frau hebt ihr Knie hoch ...

3. ... und führt einen Stampf-Kick zum Spann des Angreifers, damit der seinen Klammergriff lockert.

4. Anschließend tritt sie dem Angreifer mit dem Knie in den Unterleib.

Verteidigung gegen Kopfumklammerung

1. Der Kopf des Verteidigers wird mit einem Haltegriff (Schwitzkasten) umklammert.

2. Der Festgehaltene schlägt dem Angreifer sofort mit dem Handballen in die Genitalien.

3. Gleichzeitig faßt er mit der hinteren Hand nach den Haaren des Gegners ...

4. ... und reißt den Angreifer nach hinten weg.

5. Mit einem Handballenstoß zum Kinn setzt der Verteidiger nach.

Abwehr gegen Würgeangriffe

Verteidigung gegen Würgen, von hinten

1. Der Angreifer nähert sich von hinten ...

2. ... und würgt den Mann.

3. Dieser spannt seine Halsmuskeln an, streckt seinen Arm nach vorne aus ...

4. ... und stößt seinen Ellenbogen mit voller Kraft nach hinten in die kurzen Rippen des Angreifers. Gleichzeitig löst er den Würgegriff mit der anderen Hand.

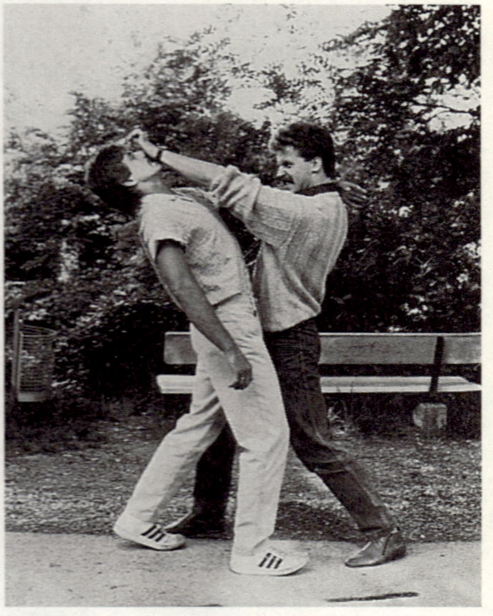

5. Nun dreht er sich ganz um und stößt den Handballen zur Nase des Gegners.

Verteidigung gegen Würgen, von vorne

1. Die Frau will gerade in ihr Auto steigen.

2. Der Angreifer hindert sie daran und würgt sie mit beiden Händen.

3. *Aus der Schrittstellung heraus führt die Frau einen Handballenstoß zur Nase des Angreifers durch, wobei sie die Hüfte extrem mitdreht, um dadurch mehr Schwung zu bekommen.*

4. *Wird die Situation dadurch nicht besser, so kann man sich mit einem Fingerstich zu den Augen befreien.*

Verteidigung gegen Würgen mit dem Unterarm, von hinten

1. Der Angreifer würgt den Sitzenden von hinten.

2. Sofort spannt der Verteidiger seine Halsmuskulatur an ...

3. ... faßt die Haare des Gegners und zieht ihn nach vorne.

4. Wird der Griff zu fest, kann er den Fingerstich zu den Augen anbringen.

Verteidigung gegen Würgen, im Auto

1. Der Angreifer würgt die Frau durch das offene Autofenster.

2. Die Verteidigerin spannt die Halsmuskulatur an ...

3. ... und stößt ihre Finger in die Augen des Angreifers.

Verteidigung gegen Würgen, am Boden

1. Der Angreifer würgt das unter ihm liegende Opfer mit beiden Händen.

2. Der Angegriffene sticht die Finger in die Augen des Angreifers.

3. Dann faßt er ihm mit einer Hand seitlich in die Haare, die andere Hand legt er ans Kinn des Angreifers.

4. Jetzt zieht er den Kopf an den Haaren nach schräg unten, dreht gleichzeitig mit der anderen Hand den Kopf des Gegners zur Seite (Genick-Dreh-Hebel), winkelt sein Bein an und rollt mit dem Angreifer seitwärts ab.

Verteidigung aus der Bodenlage

1. Der Mann liegt seitlich auf dem Boden, der Angreifer nähert sich wieder.

2. Der Angreifer holt zu einem Fußtritt aus. Im selben Moment zieht der Verteidiger sein Knie an ...

3. ... und stößt dann einen Seit-Kick zum Schienbein oder Knie des Gegners.

ANMERKUNG:

Falls Sie am Boden liegen und angegriffen werden, müssen Sie darauf achten, daß Sie die Füße immer zum Angreifer drehen, um diesem dadurch die kleinste Angriffsfläche anzubieten.

Abwehr gegen Faustangriffe

Verteidigung gegen Faustangriff, von hinten

1. Der Mann beugt sich über den Kofferraum. Der Angreifer packt ...

2. ... die rechte Schulter, dreht ihn um und versucht, mit der rechten Faust zum Kopf zu schlagen.

3. Der Verteidiger dreht sich frontal zum Angreifer, macht einen Hochblock nach links ...

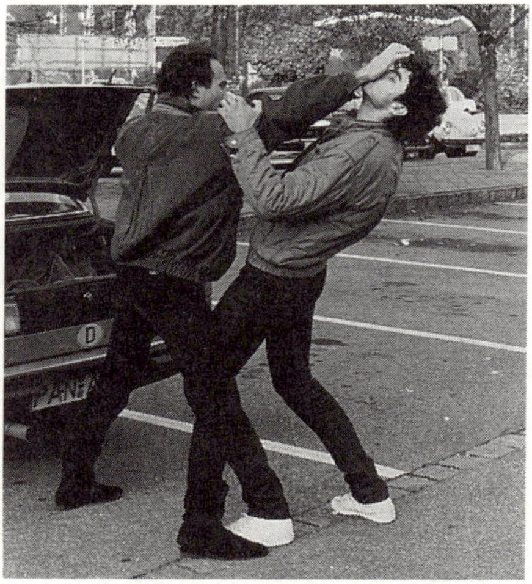

4. ... und stößt den Handballen der rechten Hand zur Nase des Gegners.

Verteidigung gegen Faustangriff, von vorne

1. Der Mann nähert sich der Tür des Telefonhäuschens.

2. Ohne jede Vorwarnung versucht der Angreifer, einen Faustschlag anzubringen.

3. Der Verteidiger blockt den Schlag mit einem Hochblock ab ...

4. ... und stößt den Handballen der anderen Hand dem Gegner ins Gesicht.

Verteidigung gegen Faustangriff, im Sitzen

1. Der Angreifer kommt auf den Sitzenden zu ...

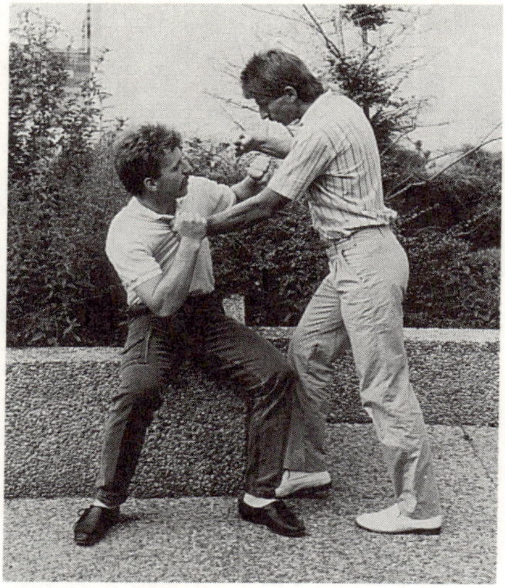

2. ... und will einen Fausthieb zum Kopf schlagen. Der Verteidiger dreht seinen Oberkörper seitlich ab ...

3. ... blockt mit dem Unterarm den Schlag zur Seite (Hochblock) ...

4. ... und stößt den Handballen der anderen Hand in die Genitalien des Angreifers. Hierbei zeigen die Finger zum Boden.

Verteidigung gegen Griff an das Revers

1. Der Angreifer packt mit der linken Hand das Revers des Mannes, mit der rechten versucht er einen Faustschlag.

2. Der Verteidiger weicht nach rechts aus und schützt sich gleichzeitig durch einen Hochblock.

3. Mit dem linken Bein schlägt er nun einen Knie-Kick zum Unterleib ...

4. ... und stößt beim Absetzen des Schlagbeines den rechten Handballen zum Ohr des Angreifers.

Waffenabwehr

Die Abwehr von Angriffen, die mit Waffen oder Gegenständen vorgetragen werden, ist eines der schwierigsten Kapitel in der Selbstverteidigung. Beherrscht man die Techniken nicht hundertprozentig, sind lebensgefährliche Verletzungen nicht auszuschließen. Darum sollten Sie solchen Auseinandersetzungen grundsätzlich aus dem Wege gehen. Besteht diese Möglichkeit jedoch nicht, handeln Sie mit Ihrer ganzen Entschlußkraft, und zögern Sie nicht.

Waffenabwehr

Verteidigung gegen Pistolenangriff

Sie sollten den Pistolenschützen erst einmal in Sicherheit wiegen. Zeigen Sie Angst, versuchen Sie mit ihm zu sprechen und dadurch abzulenken. Die Angriffsaktion müssen Sie mit einer Täuschung einleiten. Schauen Sie z.B. über seine Schulter und tun Sie so, als ob dort hinter ihm etwas ganz Wichtiges oder Überraschendes geschieht. Greifen Sie aber erst an, wenn er auf den Trick eingegangen ist. Da der Überraschungseffekt sehr wichtig ist, müssen Sie jetzt außerordentlich schnell handeln.

1. Der Angreifer hält dem Mann die Pistole vor die Brust.

2. Nach einer Ablenkungsaktion weicht der Verteidiger seitlich aus, ergreift die Pistolenhand und drückt die Waffe von seinem Körper weg. Sollte sich jetzt ein Schuß lösen, trifft ihn die Kugel nicht.
Die Hand, in der sich die Waffe befindet, wird so lange festgehalten, bis der Gegner entwaffnet ist!

3. Nach dem Ausweichschritt – die Waffenhand des Angreifers wird ständig blockiert – folgt ein Stoß mit den Fingern in die Augen des Gegners.

4. Zum Entreißen der Waffe wird sein Arm festgehalten, die andere Hand greift von außen die Pistole.

5. Nun windet man die Schußwaffe aus der Hand des Gegners und zieht die Pistole nach hinten weg. Der Gegner muß immer entwaffnet werden, um einen erneuten Angriff auszuschließen.

Verteidigung gegen Stockangriff

Achten Sie bei einem Angriff mit Schlagwaffen darauf, daß Sie den Gegner unterlaufen, ihm seitlich ausweichen und möglichst nahe an ihn herankommen, denn dann kann er seinen Stock kaum noch zum Schlagen benutzen, bzw. er kann keine Kraft in den Schlag legen.

1. Der Angreifer steht dem Opfer mit einem Stock bewaffnet gegenüber und will auf ihn einschlagen.

2. Aus der Verteidigungsstellung heraus weicht der Verteidiger mit einem Schritt seitlich aus, reißt den Arm zum Hochblock nach oben und leitet so die Kraft des Hiebes ab.

3. Nach dem Ausweichmanöver sticht der Verteidiger die Fingerspitzen in die Augen des Angreifers.

4. Nun packt der Angegriffene den Stock und dreht ihn nach unten aus der Hand seines Gegners heraus.

Verteidigung gegen Messerangriff

Einen Angriff mit einem Messer abzuwehren, das ist eine höchst gefährliche Sache. Versuchen Sie vor Ihrem Gegenangriff auch hier auf jeden Fall, den Gegner abzulenken oder zu irritieren, indem Sie ihm z.B. irgendeinen Gegenstand ins Gesicht werfen.

1. Der Angegriffene steht in der Verteidigungsstellung

2. Der Gegner versucht zuzustechen. Der Verteidiger blockt den Waffenarm nach außen ab (Tiefblock). Gleichzeitig macht er einen Schritt nach schräg vorne ...

3. ... und führt mit dieser Vorwärtsbewegung einen Fingerstich zu den Augen durch.

4. Den Waffenarm hält der Angegriffene so lange fest, bis er mit der anderen Hand den Gegner entwaffnet hat.

Gebrauchsartikel als Waffen

Im folgenden Kapitel wird dargestellt, wie Artikel des täglichen Bedarfs zu Waffen werden können.
Regenschirme, Schlüssel, Bücher, Zeitungen und andere Gegenstände, die man vielleicht bei sich hat, eignen sich vorzüglich zur Selbstverteidigung. Auch eine Dose *Körperspray*, in die Augen des Gegners gesprüht, kann in einer Notsituation sehr hilfreich sein.
Frauen können sich mit ihren *ausgezogenen, hochhackigen Schuhen* besonders gut verteidigen, indem sie dem Gegner damit ins Gesicht oder in den Unterleib schlagen.

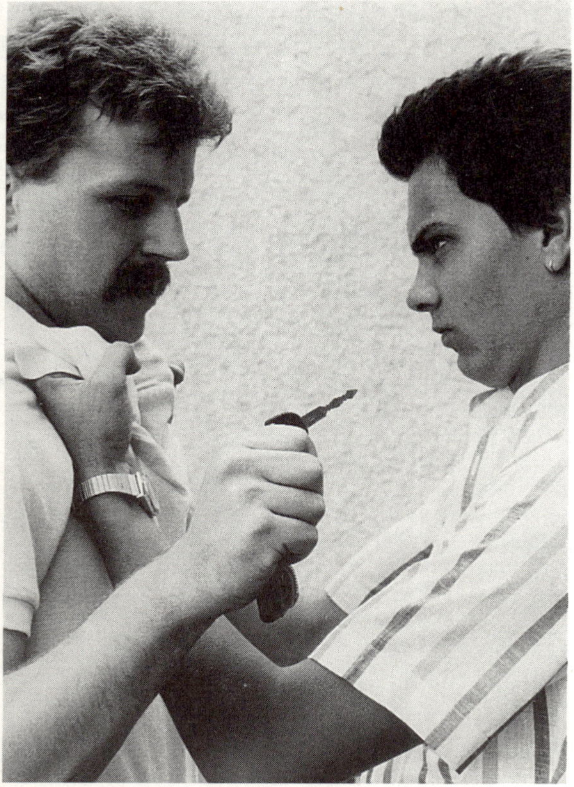

Verteidigung mit einem Gebrauchsartikel.

Verteidigung mit einem Schlüssel

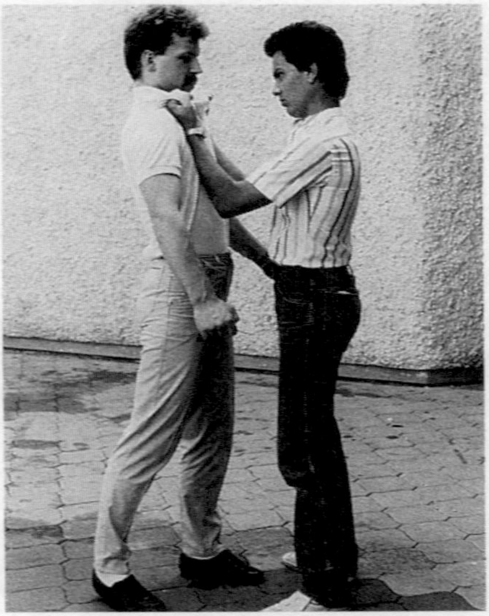

1. Der Angreifer packt sein Opfer mit beiden Händen am Kragen.

2. Mit dem Schlüssel in der Faust ...

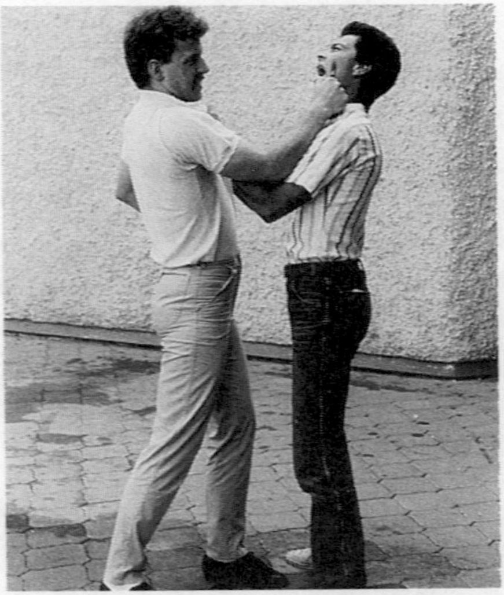

3. ... schlägt der Verteidiger zur seitlichen Gesichtshälfte des Angreifers.

4. Der folgende Handballenstoß befreit das Opfer endgültig.

Verteidigung mit einer gerollten Zeitung

1. Der Angreifer packt von hinten den Arm der Frau.

2. Die wendet sich dem Angreifer zu ...

3. ... und stößt ihm die gerollte Zeitung unter die Nase.

Verteidigung gegen einen Angriff von vorne, mit einem Buch

1. Der Gegner greift von vorne an ...

2. ... und holt zum Faustschlag aus. Der Bedrohte geht einen Schritt vor und reißt den Unterarm zum Hochblock nach oben ...

3. ... und stößt sein Buch unter die Nase des Angreifers.

Verteidigung gegen einen Angriff von der Seite, mit einem Buch

1. Der Angreifer nähert sich von der Seite ...

2. ... und greift der Frau um die Schulter.

3. Die Verteidigerin dreht sich seitlich weg ...

4. ... und stößt mit beiden Händen dem Angreifer das Buch unter die Nase.

Verteidigung mit einem Regenschirm

1. Die Frau schlendert auf einem Gehweg entlang.

2. Der Angreifer umfaßt sie von hinten und wird zudringlich.

3. Sofort weicht sie mit der Hüfte seitlich aus ...

4. ... und stößt dem Angreifer energisch mit dem Schirm in die Genitalien.

Verteidigung mit einer Handtasche

1. *Eine Frau geht im Park spazieren.*

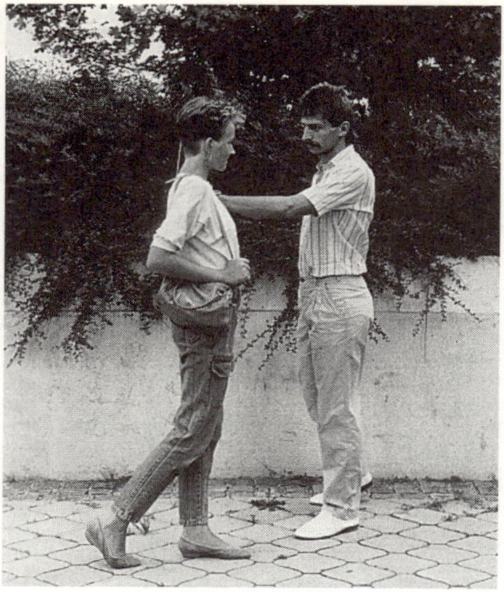

2. *Der Angreifer belästigt die Frau und möchte sie aufhalten.*

3. *Ohne zu zögern nimmt sie die Tasche von der Schulter und schleudert sie dem Angreifer ins Gesicht. Dadurch ist er für einen Augenblick abgelenkt,*

4. *und die Frau kann einen Front-Kick zum Unterleib treten.*